AF238514

GEDICHTE VOM URKNALL BIS HEUTE

von
Ben Maibert

1. Auflage 2016
Bouquet Verlag, U. Heyder, Orchideenweg 6, 53123 Bonn
E-Mail: Bouquet-Verlag@t-online.de
Druck: ONLINE DRUCK.BIZ, Brühlstr. 6, 86381 Krumbach
Printed in Germany
ISBN: 978-3-9816911-8-4
Copyright © Maibert

Wundersames
aus der
Natur

Einst gab es einen großen Knall,

und so entstand das Weltenall.

Bald wird es wieder einen geben

- das war´s dann eben.

Ein Kranich,

der sah nich´

den Berg vor sich,

der hinderlich.

Er unterbrach dann seinen Flug,

als er abrupt dagegen schlug.

Schön sind die Forsythien.

Wenn sie aufgeblüht, ziehen

sie alle Blicke auf sich, doch

sind sie verblüht - wer guckt dann
noch?

Ach ja, die Hyazinthen

sind vorn so schön wie hinten.

Auch ihre Seiten, alle beide,

sind eine reine Augenweide.

Und selbst von oben

sind sie zu loben.

Nur sieht man sie von unten an,

hat man wenig Spaß daran.

Ich frage mich tagein, tagaus:

Warum heißt der Rhein nicht Rhaus?

Ein Pelikan

lebt in dem Wahn,

er wär´ ein Schwan.

Wie leicht doch man

sich irren kann.

Der Auerochs´ sucht immerzu

nach einer lieben Auerkuh.

Denn er hätte gerne Kinder

- lauter kleine Auerrinder.

Das Radieschen sprach zum Rettich:

„Ich bin viel schärfer, darauf wett´ ich!"

Ein Hundehaufen ist nicht schlimm,

es sei denn, man steht mittendrin!

<u>Sinnspruch:</u>

Glück ist, wenn die Mücke sticht

andre Leute und dich nicht.

In dunkelster Nacht noch fliegen die Eulen

und tags darauf pflegen sie ihre Beulen.

Erstaunliches
aus der
Partnerschaft

Ich wär´ so gern ein kleines Licht,

das für Dich leuchtet in der Nacht.

Nur leider, leider weiß ich nicht,

wie man bei mir das Licht anmacht.

Es war einmal ein Mensch,

der hatte eine Ranch.

Dort lebte er in Saus und Braus

mit seinen Cowboys und den Cows.

Dann aber nahm er sich ein Wife

und es war Schluss mit dem Highlife.

Der Pastor fängt zu trauen an,

da plötzlich fragt der Bräutigam,

ob er ein Upgrade haben kann.

Auf der Wiese faul

liegt Paula neben Paul,

der wiederum noch fauler

ist als die faule Paula.

Aus diesem Grund geschieht auch
nichts

bis zum Ende des Gedichts.

Es sagt die Frau zum Mann beim Tanz:

„Der eine will´s, der andre kann´s!"

Gewichtig spricht der Taktiker:

„Ich denke stets vom Ende her."

Seine Frau nickt brav und spricht:

„Nur findest Du den Anfang nicht!"

Besonders gut, befand der Gatte,

stand ihr, was sie nicht an hatte.

Meine Frau schimpft oft mit mir,

ich würd´ alles vergessen.

„Das glaub´ ich nicht", sag ich zu ihr.

„Das müsste ich doch wissen!"

Was sie begehrt,

blieb ihr verwehrt.

Drum nahm sie Gerd.

Das war verkehrt!

Ich wünscht´, ich hätte so viel Geld,

zu reisen einmal um die Welt.

Die Frau, der ich verbunden bin,

sieht darin aber keinen Sinn.

„Am Ende bleibt es, wie es ist:

Du bist dann da, wo du jetzt bist."

Es gab nur eines, was sie störte,

das war der Bart, der ihn nicht
zierte.

Sie merkte, dass sie irrte,

als er ihn abrasierte.

Und als er wurde achtzig,
sprach sie: „Ich glaub, er macht sich!"

Er aß sehr gerne dicke Bohnen.

Drum musste er alleine wohnen.

Kurioses
Aus dem
Sport

Der Skiläufer war sehr vital,

bis er kam ins Hospital.

Der Turner turnte an den Ringen,

als sich die Füß´ im Seil verfingen.

Er hat dann lange noch gehangen,

nachdem das Publikum gegangen.

So ist´s nun ´mal beim Fußballspiel:

Man denkt nicht, aber läuft sehr viel.

Für Profis heißt das dann zumeist:

fitter Körper - fauler Geist.

Der Boxer, der bei „zehn" noch liegt,

hat etwas auf die Zwölf gekriegt.

Der Eisläufer wirkt elegant,

sofern er nicht die Bande rammt.

Ach, ich wär´

so gerne fair,

doch dann würde ich nicht siegen.

Darum muss ich halt betrügen.

Rolf

spielt Golf

und Dennis

spielt Tennis,

doch beide mit Frank,

und der spielt krank.

Denkwürdiges aus dem Berufsleben

Müde morgens und zu spät,

munter abends, wenn man geht,

arbeiten wie ein Asket

- das ist Lebensqualität!

Der Mensch ist meistens liebenswert,

solange er kein Amt begehrt.

Der Kollege war zumeist,

wenn´s Arbeit gab, dienstlich
verreist,

doch manchmal war er – Gott sei
Dank! –

nicht verreist, doch leider krank.

Die angebliche Spitzenkraft

hatte nur zum Sitzen Kraft.

„Beste Chancen vor Gericht!"

Der schlaue Rechtsanwalt verspricht.

„Nicht die mindeste Gefahr!"

Zumindest nicht für´s Honorar!

Es war einmal ein schönes Schiff,

dann lief es leider auf ein Riff.

„Ei der Daus!" der Lotse sprach.

Der Schiffer ihm die Nase brach.

Das Essen, das er mittags hatte,

teilte er mit der Krawatte.

Es liefern sich vor Publikum

Politiker ein Wortgefecht.

Jeder nennt den andern dumm

und alle haben Recht.

Das neue Auto – stehn geblieben.

Des Fahrers Stolz kann das nicht trüben:

„Denk nur: Er lässt sich ganz leicht schieben!"

Die Kunst der Führens wär´ nicht schwer,

wenn da kein Mitarbeiter wär´.

Es guckt der alte Steuermann

nachts den Sternenhimmel an,

nicht, sich zu orientier´n daran,

nur, weil er sonst nichts gucken kann.

Sagenhaftes
aus der
Geschichte

Delilah ruft vor Schreck: „O je!

Samson trägt ja ein Toupet!"

Da tönt es dumpf aus der Matratze:

„Meine Kraft liegt in der Glatze!"

Ein König suchte seine Krone

und fand sie nicht – da blieb er ohne.

Müde sank er auf den Thron

und schrie laut auf – da war sie schon!

Wer lagert da am Wege, wer?

Es ist der Wegelagerer!

Er lagert dort wohl stundenlang

von Sonnenauf- bis –untergang.

Und wenn er das nicht täte, wär´

er auch kein Wegelagerer.

Graffiti

Belsazar stand vor seinem Haus

und war ergrimmt und rief:
„O Graus!

Was soll die Schrift hier an der
Wand?

- Anzeige gegen unbekannt!"

Es aß der alte Lessing

so gern Salat mit Dressing.

Nur nannte er die Schose

nicht Dressing, sondern Soße.

Der Burgherr war stark wie ein Bär,

doch nicht so schlau, wie er gern wär.

So hielt er einst des Feindes Heer

für das von Onkel Giselher

und ließ die Zugbrücke herunter.

Herein jedoch kam Ritter Gunther

und wurde von der Burg der Herr.

Der alte Burgherr nahm´s nicht schwer:

„Ich zieh´ zu Onkel Giselher!"

Es trank der alte Ritter

so gerne Magenbitter,

vor dem Essen, nach dem Essen

und auch gerne währenddessen.

Die Flasche leer, der Ritter voll

- das fand er jeden Abend toll!

Berichtenswertes
Allerlei

Herrlich ist der Morgen, wenn

die Sonne scheint und ich noch penn´.

Ich denke viel und denke oft,

doch es hat keinen Sinn:

Mir geht so vieles durch den Kopf,

doch nichts davon bleibt drin.

Kaum aufgetragen, wirkt sie schon,

die Anti-Aging-Lotion.

Die Jugend wird zurückgewonnen:

Die Falten gehn, die Pickel kommen!

Ein Zeichner war von sich entzückt:

Ein tolles Werk war ihm geglückt.

Der Durchbruch war´s beim Publikum!

- Da fiel die Kaffeetasse um.

Im Bus

Im weißen Rock ganz ordentlich

setzt auf den Sitz mit Muster sich

die feine Dame. Dann ein Schreck:

„Das ist kein Muster – das ist Dreck!"

Die Seite hier viel schöner wär´,

wenn sie geblieben wäre leer.

Mit seinem Werk beweist famos er:

Nicht jeder Dichter ist ein großer!

Lasst uns fair sein und gerecht:

Wo Berge sind, da sind auch Täler.

Der Mensch ist nicht nur bös´ und
schlecht,

- er hat auch viele andre Fehler.

Ich bin ständig up to date,

nur leider immer viel zu spät.

Erst saß die Hose ihm sehr lose,
dann wurde er der Hosenlose.

Wenn man am Tage sieht den Mann,

so rührt er Alkohol nicht an.

Im Dunkeln aber trinkt er dann.

„Lampe aus" heißt „Lampe an".

Bedeutsam sagt der Historist:

„Von gestern kommt, was heute ist."

„So ist es!" sagt der Futurist,

„Und morgen kommt derselbe Mist!"

Auf den nächsten zwei, drei Seiten

kannst Du selber Dich verbreiten.